NEUROCIÊNCIAS de Bolso

A contribuição das Neurociências para o processo da aprendizagem escolar

Marta Relvas

1ª Edição | 2021

© Arco 43 Editora LTDA. 2021
Todos os direitos reservados
Texto © Marta Relvas

Presidente: Aurea Regina Costa
Diretor Geral: Vicente Tortamano Avanso
Diretor Administrativo
Financeiro: Dilson Zanatta
Diretor Comercial: Bernardo Musumeci
Diretor Editorial: Felipe Poletti
Gerente de Marketing
e Inteligência de Mercado: Helena Poças Leitão
Gerente de PCP
e Logística: Nemezio Genova Filho
Supervisor de CPE: Roseli Said
Coordenador de Marketing: Léo Harrison
Analista de Marketing: Rodrigo Grola

Realização

Direção Editorial: Helena Poças Leitão
Texto: Marta Relvas
Revisão: Rhamyra Toledo
Direção de Arte: Rodrigo Grola
Projeto Gráfico e Diagramação: Rodrigo Grola
Coordenação Editorial: Léo Harrison
Ilustrações: Beatriz Garcez e Shutterstock

```
Dados Internacionais de Catalogação na Publicação (CIP)
       (Câmara Brasileira do Livro, SP, Brasil)

   Relvas, Marta
      Neurociências de bolso : a contribuição das
   neurociências no processo da aprendizagem escolar /
   Marta Relvas. -- 1. ed. -- São Paulo : Arco 43, 2020.

      ISBN 978-65-86987-16-4

      1. Ambiente escolar 2. Aprendizagem 3. Educação 4.
   Neurociência I. Título.

20-48500                                      CDD-370.15
```

Índices para catálogo sistemático:

1. Neurociências : Educação 370.15

Aline Graziele Benitez - Bibliotecária - CRB-1/3129

1ª edição / 4ª impressão, 2024
Impressão: Gráfica Santa Marta

CENU – Avenida das Nações Unidas, 12901 – Torre Oeste, 20º andar
Brooklin Paulista, São Paulo – SP – CEP 04578-910
Fone: +55 11 3226 -0211
www.editoradobrasil.com.br

NEUROCIÊNCIAS de Bolso

**A contribuição das
Neurociências para o processo
da aprendizagem escolar**

Marta Relvas

Marta Relvas

É professora, bióloga, com titulação D.h.c. em Educação pela Emil Brunner World University – Flórida, EUA. Doutora e Mestre em Psicanálise, Neuroanatomista, Especialista em Bioética e Neurociência em Educação Especial e Inclusiva e Psicopedagoga. Tem certificado Reggio Emilia Study Abroad Program (Itália) e Title in Education Neurosciences and Childhood and Adolescence Learning of Erasmus+ University – Europe – Portugal. É membro efetiva na categoria de professora pesquisadora da Sociedade Brasileira de Neurociências e Comportamento e da Associação Brasileira de Psicopedagogia/RJ. Autora de livros sobre Neurociência e Educação pela Editora WAK e Editora Qualconsoante de Portugal. Professora Universitária da AVM Educacional/UCAM, da UNESA – RJ. Professora colaboradora, convidada no curso de pós-graduação em Neurociências do EEFD/UFRJ. Coordenadora do Programa de Pós-graduação em Neurociência Pedagógica na AVM Educacional. Palestrante no Brasil e no exterior.

Sumário

1 Introdução 11

2 O sistema nervoso e suas dimensões
  na estimulação cognitiva da aprendizagem humana 21

3 A evolução da inteligência humana 23
  3.1 Tipos de neurônios..28
  3.2 Cérebro: use-o ou perca-o 34

4 Plasticidade neuronal intencional
  e a estimulação cognitiva da memória e linguagem 37
  4.1 Memória..39
  4.2 Como se forma a memória 40
  4.3 Reconhecendo o hipocampo e a memória............................ 40
  4.4 Tipos de memória..42
  4.5 Perda de memória...43
  4.6 A área de Broca e a área de Wernicke 43

5 Ciências cognitivas e a Neurociência 47

6 Neurociência e as novas tecnologias
  para o aprendizado híbrido escolar 49

7	Neurociência aplicada à Educação Integral: possibilidades para uma escola humanizadora	55
8	Inclusão e aprendizagem escolar	61
9	Cérebro e a Educação Inclusiva	65
	9.1 O desenvolvimento do cérebro na infância	69
10	O cuidar e a escuta emocional no processo da aprendizagem escolar	77
	Referências bibliográficas	87
	Leituras recomendadas	89

1 Introdução

A Neurociência, quando relacionada à Educação, gera meios para o educador se tornar um mediador de como ensinar com qualidade por meio de recursos pedagógicos. Assim, o educador poderá estimular o estudante a pensar sobre o pensar. Ainda de acordo com Relvas (2012),[1] esses estímulos, quando relacionados e aplicados no cotidiano, podem ser transformados em uma aprendizagem significativa e prazerosa no processo escolar.

E um dos principais motivos para se conhecer o funcionamento do sistema nervoso central (SNC) em suas dimensões sociais, emocionais, biológicas e psicológicas é a possibilidade do educador se tornar um investigador e potencializador de inteligências de maneira interdisciplinar e agradável. O educador moderno deve compreender que a aprendizagem e o comportamento acontecem no cérebro. A Neurociência e o desvendar dos estudos dos cérebros em sala de aula podem ajudar (e muito) que o educador tenha a possibilidade de compreender melhor como ensinar, já que existem diferentes formas de se aprender.

O educador deve entender essa complexa ligação entre cognição, memória, inteligências, habilidades, aprendizagem, comportamento e novas tecnologias, e, como observador e identificador das dificuldades de aprendizagem, vê-las não como fracassos, e sim como uma possibilidade de reorganização desse ser pensante, que sente e vive essa integridade social e cultural. A sala de aula precisa ser reconfigurada para se tornar um local que possibilite gerar interfaces com a aprendizagem por meio de novas tecnologias (RELVAS, 2012).[1]

A cada dia, as Neurociências desvendam mais o sistema nervoso e colaboram com outros campos. Exemplos: Educação – Neuroeducação; Psicologia – Neuropsicologia; Biologia – Neurobiologia; Química – Neuroquímica; Medicina – Neurologia; entre outros. Isso mostra e afirma a importância e a complexidade funcional do conhecimento sobre o sistema nervoso – em específico, o do SNC no funcionamento cerebral. E, segundo Relvas (2012), esses avanços nos estudos das Neurociências vêm instigando uma nova visão quanto a entender o funcionamento do encéfalo na cognição, no pensamento, na emoção, na aprendizagem e no comportamento.[1]

Relvas (2009, p. 16 e 17) ressalta "como é importante conhecer o funcionamento dos estímulos cerebrais [...] o estudo do desenvolvimento e os marcos da maturação cerebral, das dificuldades para a aprendizagem e da plasticidade cerebral".[2] Assim, destaca também em seus estudos a neurociência como aquela que pode

> [...] atender às necessidades dos professores, com enfoque neurobiológico e multidisciplinar, tratando da aprendizagem normal e seus transtornos. [...] a Neurociência vem revisando, por meio da Neurobiologia cognitiva, a Neuropsicologia comportamental, a Neurofisiologia e a Neuroanatomia como o humano aprende e ensina, efetivamente, nos processos dos contextos vitais. (RELVAS, 2009, p. 17)

E, com a colaboração das neurociências, a Educação apresenta embasamento científico para a compreensão e o desenvolvimento de uma aprendizagem mais significativa, uma vez que observamos como é complexo e amplo o funcionamento do encéfalo. Em seu planejamento, o educador deve estabelecer metodologias de ensino sensibilizando-se com os educandos, tendo em mente que eles são seres constituídos de uma biologia cerebral em constante movimento e transformação, portadores de conexões nervosas que nunca estancam.

Estimular o aprender é um processo de ação e reação para todos aqueles comprometidos com a Educação. Existe a necessidade de se conhecer o tripé dos sistemas para uma construção do saber. O primeiro aspecto é o do sistema da informação, o segundo é referente à compreensão dos sistemas biológicos e o terceiro é relacionado ao cotidiano, à cibernética. Diante desse tripé, é fato que as dificuldades de aprendizagem podem ser resolvidas ou ao menos minimizadas se os educadores focalizarem seu olhar em sala de aula como neuroanatomistas.

Sendo assim, mantém-se a ação de promover o desenvolvimento dos diversos estímulos neurais, compreendendo os processos e princípios das estruturas do cérebro e também conhecendo e identificando cada área funcional, visando estabelecer rotas alternativas para a aquisição de aprendizagem ao fazer os educandos usarem, por exemplo, recursos sensoriais como instrumentos do pensar e do fazer de modo agradável.

Os estudos das neurociências vêm contribuindo para o trabalho em sala de aula e para a compreensão das estruturas cognitivas, motoras, afetivas e sociais. Os professores devem conhecer esse imenso universo que é o cérebro para que possam definir e organizar melhor seus conceitos de aprendizagem, identificando, por meio do SNC, os processos e as modificações mais ou menos permanentes, viabilizando a melhor adaptação do indivíduo em seu meio como resposta a essas solicitações internas e/ou externas do organismo. Quando um estímulo já é conhecido, desencadeia uma lembrança. Quando o estímulo é novo, gera mudança. Assim, conseguimos entender a aprendizagem do ponto de vista da Neurociência (RELVAS, 2012, p. 20).[1]

A Neurociência nos explica bem o desafio do educador moderno em sua função na sala de aula:

> As informações são desenvolvidas pelo cérebro cognitivo, emocional, motor, afetivo e social. Porém, novas tendências que apontam para esse século é o desenvolvimento do cérebro criativo, autor, inventivo, intuitivo, genial, que vivencie as incertezas, gerenciando frustrações cotidianas, sem perder a autoestima. Um cérebro autopoético, autorregulador e reorganizado, adaptável. (RELVAS, 2012, p. 21)

Relvas (2006) explica que o conhecimento e a aplicação da neuropedagogia transcorrem por uma visão neurocientífica do processo de ensinar e aprender.[3] Tal perspectiva contribui para a identificação de uma análise biopsicológica e comportamental do aluno por meio dos estudos de anatomia e de fisiologia do SNC, explicando, modelando e descrevendo os mecanismos neuronais que sustentam os atos perceptivos, cognitivos, motores, afetivos e emocionais da aprendizagem. E todo esse processo ocorre em sala de aula.

Com os estudos da Neurociência nas últimas décadas, tem sido possível compreender que o estudante atual é o "sujeito cerebral". É ele quem argumenta, questiona e tem autonomia para aprender; o professor, portanto, tem a função de promover desafios e ações reflexivas e viabilizar o diálogo entre emoções e afetos em um corpo orgânico e mental, que é o meio dessas reações.

Para que as informações sejam transformadas em aprendizagens, as aulas precisam ser envolvidas por emoção, pois quando as informações têm significados para a vida do aluno e este se utiliza do caminho da emoção, os conhecimentos jamais serão esquecidos. Assim, isso deve lembrar o professor de que existem várias maneiras de ensinar, dado que existem várias formas de aprender (RELVAS, 2006).[3]

Existem motivos primordiais que justificam a necessidade de o educador apresentar conhecimentos sobre o funcionamento cerebral. Relvas (2009) já nos lembra que cada criança tem um tempo de aprender e que a aprendizagem, para ser verdadeiramente assimilada e compreendida, leva mais algum tempo, também sendo necessária a revisão e exploração dos conteúdos em diferentes formas.[2]

Isso é explicado pela Neurociência da seguinte maneira: o córtex pré-frontal, responsável por inibir alguns comportamentos, ainda não está completamente formado. Sendo assim, os alunos, principalmente as crianças, mantêm um tempo reduzido de concentração durante o momento da explicação de conteúdo.

O educador deve ter em mente que as práticas pedagógicas não são alteradas diante das informações das neurociências voltadas à aprendizagem. As práticas serão as mesmas; a intenção e o planejamento referente a elas serão os pontos que podem vir a sofrer alterações. É importante lembrar que o estudante deve-se sentir envolvido com as ações e o aprender, pois aprender é um ato desejante e só ocorre se o aluno estiver com vontade e interessado nisso.

Sendo assim, o professor deve caminhar pelo despertar do interesse no educando por meio das conexões afetivas e emocionais do sistema límbico, liberando nele serotonina e dopamina, mensageiros químicos relacionados à satisfação, ao prazer e ao humor. Criança feliz, envolvida e interessada aprende mais.

Estudar a neurociência aplicada à aprendizagem é fazer uma releitura das principais teorias da aprendizagem e também reconhecer que esta ciência analisa a aprendizagem no contexto dos processos químico, celular, anatômico, funcional, patológico e comportamental do sistema nervoso, demonstrando, assim, uma visão integral do aluno.

Uma abordagem da neurociência aplicada à aprendizagem compreende o entendimento da formação da inteligência, da emoção e do comportamento no contexto escolar considerando aspectos biológicos, psicológicos, afetivos, emocionais e sociais. E isso é gerar a possibilidade de o educador viabilizar uma habilidade nova no sujeito, maximizando o potencial do funcionamento cerebral. Isso porque ensinar e aprender exigem planejamento para solucionar desafios e criar/reproduzir atividades que estimulem diferentes áreas do cérebro, com o intuito de desvendar, de maneira eficaz, o desenvolvimento das potencialidades e a capacidade de pensar (RELVAS, 2017).[4]

Para se promover uma aprendizagem significativa, a aula deve ser prazerosa e bem-humorada, elaborada e organizada a fim de atender às demandas dos movimentos neuroquímicos e neuroelétricos do estudante.

O indivíduo tem curiosidade por novas informações, e para não se inibir o potencial de inteligência e afetividade no processo de aprender, o professor precisa levar seus estudantes a refletir sobre dúvidas e instigar sua curiosidade, sem se esquecer que o início da aula é muito importante para manter a atenção do seu educando e tê-lo concentrado para perceber os novos conteúdos.

O estudante precisa encontrar significado no conteúdo que estuda, buscando coerência nas informações recebidas; caso não estabeleça essas relações, os conhecimentos se perderão. Quando se fala que cada indivíduo tem um ritmo para aprender, isso está relacionado às sinapses que ocorrem por intermédio dos estímulos de recompensa no cérebro, ativados pelo interesse do sujeito, ao desejo dos sistemas límbico e cognitivo, o que nem sempre combina com o currículo escolar (RELVAS, 2006).[3]

Os estudos neurocientíficos voltados para a pedagogia colaboram para o reconhecimento de que todos são capazes de aprender no processo escolar. O principal ensinamento na área da Neurociência é que o cérebro tem capacidade muito maior de sofrer modificações do que se pensava antigamente, inclusive se considerando a fase adulta. Hoje está claro que o cérebro adulto, o qual se pensava ser imutável, pode ser sede de renovação a partir de algumas áreas com capacidade para gerar novas células. Essa plasticidade cerebral vem gerando grandes esperanças e expectativas em diversas áreas de conhecimento, principalmente se pensando em saúde mental. Além disso, segundo Relvas (2018), isso gera possibilidade de pesquisas sobre a utilização de técnicas de estimulação e reabilitação que potencializem as habilidades já existentes para o desenvolvimento de determinadas funções.[5]

A Neurociência, junto com a Educação, promove caminhos para o professor ser um mediador capaz de ensinar com qualidade, utilizando recursos pedagógicos que estimulem o estudante a pensar sobre o pensar, e se torna fundamental para o professor promover os estímulos corretos no momento certo para que o educando possa integrar, associar e entender.

Esses estímulos podem ser transformados em uma aprendizagem significativa e prazerosa no processo escolar. Importante desmistificar a relação de que mais estímulos resultarão em mais aprendizagem, pois aprender não está ligado à quantidade, e sim às qualidades que os estímulos apresentam:[2]

> Por isso não existe "nivelamento" de aprendizagem, pois somos diferentes nos contextos biológicos, psicológicos, emocionais, afetivos e sociais. [...] Se você é professor e educador, conhecimentos básicos da Neurociência são essenciais para seu trabalho, já que seu objetivo é proporcionar aprendizagem a seus estudantes e, de preferência, da forma mais otimizada possível. [...] a Neurociência vem revisando, por

meio da Neurobiologia cognitiva, a Neuropsicologia comportamental, a Neurofisiologia e a Neuroanatomia como o humano aprende e ensina, efetivamente, nos processos dos contextos vitais. (RELVAS, 2009, p. 17)

2 O sistema nervoso e suas dimensões na estimulação cognitiva da aprendizagem humana

A aprendizagem acontece, com particularidades, durante toda a vida da pessoa, e o aprender rompe com a ideia passiva de assimilação de conteúdos. A ação ativa do aprender necessita de uma complexa rede de operações neurofisiológicas e neuropsicológicas que ainda interagem com o meio ambiente (LENT, 2002).[6]

Em uma abordagem dessa prática é importante destacar a evolução do sistema nervoso diante do desenvolvimento humano ao longo de milhões de anos, que a ciência reconhece como Filogênese.

Estudar a estrutura do neurodesenvolvimento humano é entender os processos da evolução e do funcionamento do sistema nervoso sob enfoque plural – biológico, neurobiológico, psicológico, matemático, físico, filosófico e computacional – voltado para a aquisição de informações, novas linguagens e consolidação de memórias na resolução de problemas e mudanças de comportamento.

Neste contexto, o estudo do funcionamento cerebral tem fundamental relevância; a tarefa de estimulação do sistema nervoso humano não está restrita a um campo específico do conhecimento, e, desse modo, a reabilitação neuronal agrega os conhecimentos complexos.

É oportuno enfatizar que o sistema nervoso está relacionado ao processo de aprender. Como destaque desses estudos, o cérebro apresenta regiões, lobos, sulcos e reentrâncias e tem como função um trabalho em conjunto em que cada uma dessas estruturas precisa interagir com as outras para que ocorra plena atividade de conectividade entre as células neuronais.

Dessa maneira, faz-se necessário entender que os conhecimentos contemporâneos acerca do sistema nervoso indicam que o Homem é um agente ativo e pensante e que os exames funcionais de imagem cerebral possibilitam associar as funções mentais ao funcionamento de circuitos neuronais que se interligam a partir de diversas áreas cerebrais.

É importante enfatizar que a estimulação neural e neuronal vem se consolidando como um campo multidisciplinar de conhecimento e atuação profissional nas áreas de docência e pesquisa educacional. A reabilitação neuropedagógica atende aos princípios de como o sistema nervoso aprende atividades cognitivas, como a linguagem e o raciocínio, de como guarda saberes e de como se reprograma no processo de sobrevivência e adaptação ao ambiente em condições favoráveis de aprendizagem.

3 A evolução da inteligência humana

A evolução da inteligência humana acontece pela estimulação cognitiva. É no cérebro que se constrói a inteligência humana. Um dos mais fascinantes temas da ciência é como surgiu a inteligência humana ao longo da evolução dos grandes primatas aos hominídeos, chegando até o ser humano. A inteligência é um assunto fascinante porque nos dá a chave para o tesouro do entendimento sobre nós mesmos, explicando como a seleção natural pôde produzir tamanha maravilha como o cérebro humano e sua capacidade em tempo tão curto. Também é uma explanação sobre a natureza da nossa singularidade no reino animal e o porquê de nós sermos assim hoje.

De fato, muitas facetas da evolução da inteligência humana ainda são matérias de considerável mistério, porque ela não pode ser observada diretamente no registro paleontológico, como por um osso ou dentes, por exemplo. As evidências reunidas por cientistas sobre o intelecto humano são apontadas indiretamente a partir da observação do aumento do tamanho da capacidade craniana e de artefatos ou ações produzidas como resultados de aplicação da inteligência humana, tais como a fabricação de ferramentas, a caça cooperativa e a guerra, o uso do fogo e o cozimento de alimentos, a arte, o enterramento dos mortos, entre outros.

Por que a inteligência foi desenvolvida entre primatas e não entre outros gêneros de animais? Provavelmente pela inerente instabilidade de ambientes territoriais, quando comparada a dos ambientes aquáticos, e talvez pelas séries de mudanças dramáticas no clima africano em certos pontos da História Geológica. Portanto, os fenômenos probabilísticos podem muito bem ser a explicação de o porquê estamos agora na posição de sermos os mais inteligentes entre todos os outros animais da Terra.

Esse passo evolucionário foi espetacular porque deu origem ao círculo cada vez mais rápido de *feedback* positivo entre a evolução cultural (trazida pela linguagem) e o desenvolvimento posterior do cérebro, aumentando enormemente o sucesso reproduzido e as chances de sobrevivência do organismo assim armado com um cérebro capaz de performar alta flexibilidade, adaptabilidade e capacidade de aprendizagem. Em um período de um a dois milhões de anos, este poderoso impulso de evolução neural nos levou ao que somos hoje e ao que o Homem será nos próximos 100.000 anos. Atualmente, há hipóteses levantadas sobre a existência de uma "massa crítica" de neurônios como pré-requisito para a "explosão" evolucionária da inteligência. Em outras palavras, abaixo de um certo número de neurônios (ou de determinado tamanho do cérebro), a inteligência é altamente limitada e não seria capaz de levar à invenção, à imaginação ou mesmo a comunicações sociais e simbólicas, entre outras performances que não ocorrem em cérebros não humanos. Um número grande de fatores evolucionários convergentes determinou um rápido aumento no cérebro e na complexidade do cérebro dos hominídeos, levando à primeira espécie verdadeiramente *homo*. A massa crítica foi, então, atingida; após isso, foi apenas uma questão de evolução quantitativa.

Estrutura básica de um neurônio

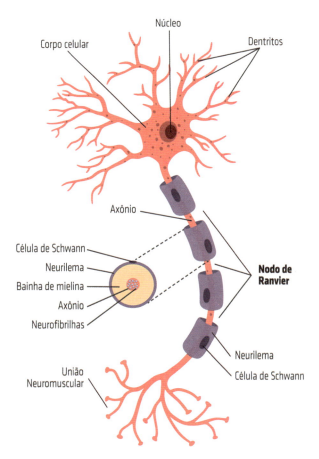

Neurônio motor (eferente)

Mas o que é inteligência? Antes de embarcar em uma viagem sobre o entendimento desta evolução, deve-se conhecer melhor o objeto dessa questão.

De acordo com a Enciclopédia Britânica (2013), ela "é a habilidade de se adaptar efetivamente ao ambiente, seja fazendo uma mudança em nós mesmos, ou mudando o ambiente, ou achando um novo ambiente".[7] Esta é uma definição inteligente porque incorpora aprendizado (uma mudança em nós mesmos), manufatura e abrigo (mudança do ambiente) e migração (encontrando um novo ambiente). De modo a nos adaptarmos efetivamente, o cérebro deve usar todas estas funções. Portanto, "inteligência não é um processo mental único, mas sim uma combinação de muitos processos mentais dirigidos à adaptação efetiva do ambiente",[7] prossegue a definição da EB.

Células gliais

Além dos neurônios, o sistema nervoso apresenta-se constituído pelas células da glia, ou células gliais, cuja função é dar sustentação aos neurônios e auxiliar o seu funcionamento. As células da glia constituem cerca de metade do volume do nosso encéfalo. Há diversos tipos de células gliais. Os astrócitos, por exemplo, dispõem-se ao longo dos capilares sanguíneos do encéfalo, controlando a passagem de substâncias do sangue para as células do sistema nervoso. Os oligodendrócitos e as células de Schwann enrolam-se sobre os axônios de certos neurônios, formando envoltórios isolantes.

A evolução da inteligência humana

> Neurônios recebem sinais nervosos de axônios de outros neurônios. A maioria dos sinais é liberada aos dendritos. Os sinais gerados por um neurônio são enviados através do corpo celular, que contém o núcleo, o "armazém" de informações genéticas. Axônios são as principais unidades condutoras do neurônio. O cone axonal é a região na qual os sinais das células são iniciados. Células de Schwann, que não são parte da célula nervosa, e sim um dos tipos das *células gliais*, exercem a importante função de isolar neurônios por envolver seus processos membranosos ao redor do axônio, formando, desse modo, a bainha de mielina, uma substância gordurosa que ajuda os axônios a transmitirem mensagens mais rapidamente do que as células não mielinizadas. A mielina é quebrada em vários pontos pelos nodos de Ranvier, de maneira que em uma secção transversal o neurônio se parece com um cordão de salsichas. Ramos do axônio de um neurônio (o neurônio pré-sináptico) transmitem sinais a outro neurônio (o neurônio pós-sináptico) por meio de sinapse. Os ramos de um único axônio podem formar sinapses com até 1.000 outros neurônios.
>
> **Fonte:** "Células nervosas" em Só Biologia. Virtuous Tecnologia da Informação, 2008-2020. Disponível em: <https://www.sobiologia.com.br/conteudos/FisiologiaAnimal/nervoso2.php>. Acesso em: 13 jul. 2020.[8]

O sistema nervoso é constituído de neurônios. Neurônios são células especializadas que recebem certas conexões exclusivas, executam funções específicas e repassam seus estímulos referentes a um evento particular a outros neurônios também relacionados a ele. Também fazem parte do sistema uma membrana celular, que é especializada para transportar sinais nervosos, tais como pulsos eletroquímicos; o dendrito (do grego *dendron*, ou "árvore"), que recebe e libera os sinais; o axônio (do grego *axoon*, ou "eixo"), que funciona como um "cabo" que conduz sinais; e pontos de contatos sinápticos, em que informações podem ser passadas de uma célula a outra.

O que faz o neurônio ser diferente de outras células do corpo? Assim como outras células, os neurônios se alimentam, respiram, têm os mesmos genes, os mesmos mecanismos bioquímicos e as mesmas organelas. Então, o que faz um neurônio de diferente? Neurônios diferem-se de outras células em um aspecto importante: eles processam informação. Eles devem desencadear informações sobre o estado interno do organismo e também sobre seu ambiente externo, avaliar esse conjunto e coordenar atividades apropriadas à situação e às necessidades correntes dos indivíduos.

3.1 Tipos de neurônios

Neurônios multipolares apresentam mais de dois dendritos. A maioria dos *neurônios* é desse tipo. Já *neurônios bipolares* têm um dendrito e um axônio. São encontrados nos gânglios coclear e vestibular, na retina e na mucosa olfatória. A informação é processada por eles mediante um evento conhecido como impulso nervoso. O impulso nervoso é a transmissão de um sinal codificado de um dado estímulo ao longo da membrana do neurônio, a partir do ponto em que ele foi estimulado.

Dois tipos de fenômenos estão envolvidos no processamento do impulso nervoso: o elétrico e o químico. Eventos elétricos propagam um sinal dentro do neurônio, e processos químicos transmitem o sinal de um neurônio a outro ou a uma célula muscular. Processos químicos sobre interações entre neurônios ocorrem no final do axônio e são chamados de sinapse. Tocando intimamente o dendrito de outra célula (mas sem continuidade material entre ambas as células), o axônio libera substâncias químicas, chamadas de neurotransmissores, que se unem a receptores químicos na membrana do neurônio seguinte.

Principais tipos de neurônios

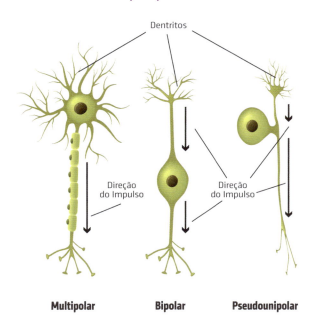

Multipolar **Bipolar** **Pseudounipolar**

Neurônios realizam sinapses quando estimulados. Relvas (2009)[2] esclarece que os neurônios não se tocam em uma sinapse. Esse espaço entre os neurônios, chamado de fenda pré-sináptica, é ocupado por neurotransmissores que se depositam em bolsas, ou vesículas pré-sinápticas, ao serem liberados pela chegada do estímulo (impulso nervoso). Tal estímulo chega através do axônio da célula pré-sináptica, liberando neurotransmissores que, por sua vez, provocam uma reação química, possibilitando, portanto, a propagação do sinal.

1. O corpo do neurônio, constituído de núcleo e pericário, dá suporte metabólico a toda a célula;

2. O axônio (fibra nervosa), prolongamento único e grande que aparece na soma da célula, é responsável pela condução do impulso nervoso para o próximo neurônio, podendo ser revestido ou não por mielina (bainha axonal), célula glial especializada;

3. Os dendritos são prolongamentos menores em forma de ramificações (arborizações terminais) que emergem do pericário e do final do axônio, sendo, na maioria das vezes, responsáveis pela comunicação entre os neurônios por intermédio das sinapses. Basicamente, cada neurônio conta com uma região receptiva e outra efetora em relação à condução da sinalização.

A estimulação cognitiva acontece a partir da motivação, pois os neurotransmissores são desencadeados por meio das sinapses químicas. E, de fato, espera-se que as informações tornem-se consolidadas no interior do neurônio para formar a síntese de proteínas, pois só será consolidada uma determinada informação quando esta aguçar o sistema de motivação, que é cerebral e neuronal.

Consequentemente, liberam-se neurotransmissores a base de dopamina e serotonina, que formam, junto com o gaba, a consolidação de uma informação dentro do neurônio. Para que ocorra todo o processo descrito acima, há necessidade biológica de uma síntese de proteína. Importante pontuar que a substância deve ser pelo menos sintetizadas por, pelo menos, três a cinco neurônios para que a informação seja consolidada.

O processo da estimulação cognitiva se dá por um contexto: formação da síntese de proteína, relação afetiva traçada, motivação e informação consolidada. Quando a informação foi construída o sujeito torna-se seguro e experimenta. Por conseguinte, novas conexões neurais são realizadas, e, partir delas, o sujeito constrói experiências que nunca mais serão esquecidas. O sujeito só pode construir uma experiência na medida em que fortalecer suas memórias. A repetição, por exemplo, é uma estratégia importante nesse processo de construção das memórias.

Dentro da organização cerebral, o arquivo das experiências se transformará em memórias. Observa-se que a memória não se localiza em uma área isolada do cérebro. Analisando o caminho da estimulação neural com os quesitos necessários para a consolidação das informações e as áreas específicas do cérebro, é importante explicitar qual a colaboração de cada uma no cenário neurocientífico.

Existem áreas específicas para que o cenário acima aconteça. Cada região corresponde a um sulco e um giro. Por exemplo, o lobo frontal é responsável pelo planejamento consciente, pelo controle motor primário e pela memória de curto prazo, pela memória de trabalho. As diferentes memórias se completam dando origem ao raciocínio. O lobo parietal é responsável pelos sentidos corporais e espaciais, ou seja, é conhecido como GPS. O lobo occipital interpreta e percebe as sensações visuais, sendo responsável pela visão primária, a qual recebe as informações e as direciona para a área da visão secundária (área de Wernicke), na qual são comparadas com os dados anteriores, garantindo a identificação pelo sujeito. Os lobos temporais são responsáveis pela audição e pela memória de longo prazo.

Áreas de estimulação cognitiva

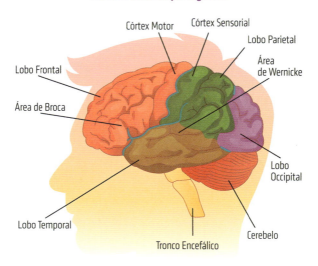

Áreas funcionais

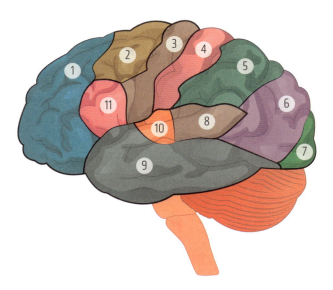

1. Área pré-frontal
2. Área motora secundária
3. Área motora primária
4. Área somatossensorial primária
5. Área somatossensorial secundária
6. Área visual secundária
7. Área visual primária
8. Área de Wernicke
9. Área auditiva secundária
10. Área auditiva primária
11. Área de Broca

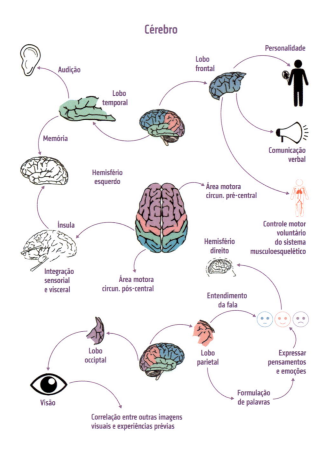

3.2 Cérebro: use-o ou perca-o

"Cérebro: use-o ou perca-o". Esta afirmação tem servido, atualmente, como fonte de diversas pesquisas. Estudos comprovam que a mente pode conservar até ideias avançadas se for usada por mais tempo e de modo saudável.

A partir dessa certeza, inúmeras pesquisas sugerem exercícios que estimulam a ação cerebral. Os de maior popularidade são os exercícios neuróbicos. Como a própria palavra sugere, trata-se de uma combinação de "neurônios" e exercícios físicos ou aeróbicos. Conservar a juventude do cérebro não é difícil. O cérebro necessita de estímulos. Estudos e pesquisas têm comprovado isso com base na constatação de que as células nervosas, quando excitadas, produzem neurotrofinas, moléculas que estimulam seu crescimento e reação.

O princípio básico desses exercícios consiste em fugir da rotina, pois, com ela, o cérebro cria hábitos e, deste modo, sua ação nas atividades que são sempre repetidas parece ser a de um "piloto automático". Ao se quebrarem sistematicamente esses hábitos, são impostos ao cérebro desafios geradores de neutrofinas, que funcionam como um verdadeiro "adubo cerebral".

Somos tentados a perguntar: que razão leva um cérebro a permanecer produtivo e criativo durante uma vida inteira e reserva a outro o destino de conduzir-se muito mal na fase madura dos seus donos? Durante os últimos anos, a Ciência acumulou muitas respostas a essas duas perguntas – respostas que têm também o efeito de desmentir as crendices acerca do processo de envelhecimento do cérebro. Testes em laboratórios e estudos epistemológicos trouxeram à tona uma das mais notáveis características do cérebro: sua habilidade em amoldar-se à situação da perda de neurônios comandadas pela biologia (isto é, sua plasticidade), evitando, assim, perder seu vigor mesmo nas mais avançadas idades. O mais importante de tudo, porém, é saber usar a plasticidade cerebral para determinar qual daqueles dois caminhos será seguido.

Em grande parte, está em suas mãos o destino do seu cérebro. O cérebro atua de acordo com o tema "use-o ou perca-o!"

4 Plasticidade neuronal intencional e a estimulação cognitiva da memória e linguagem

Em Relvas (2009),[2] define-se a plasticidade cerebral como o ponto culminante da nossa evolução, sendo um processo que se desenvolve ao longo de toda a nossa existência, capaz de, em certos casos, reabilitar funções motoras e sensoriais perdidas.

De acordo com a autora, tratam-se de habilidades do SNC que, por meio de sua capacidade adaptativa, modificam estruturas do cérebro, tornando-o apto a responder às mudanças, bem como a estímulos repetitivos.[2] Cada estímulo gera uma conexão neuronal em que as células são rearranjadas de maneira que novas sinapses se constituam e, ao mesmo tempo, sinapses existentes sejam reforçadas por reconexões.

Situações desafiadoras e ambientes complexos são alguns dos estímulos pelos quais a capacidade cerebral desencadeia tal processo. Dessa maneira, o cérebro exige mais de si para se autorreparar, sentir-se melhor ou adaptar-se para aprender.

A memória e a linguagem são capacidades cognitivas de extrema importância, pois carregam a base de todo o nosso saber desde o nascimento.

É pela memória que constituímos a base do conhecimento de toda a nossa vida. Conhecimentos dos mais básicos, como o ato de andar, falar e comer, até os mais complexos só são possíveis graças à capacidade de armazenamento de experiências do nosso cérebro por meio da memória.

Armazenando lembranças de experiências positivas e negativas, nós podemos decidir quais atitudes tomar ou evitar, como devemos agir diante de tal situação e até nossas preferências e costumes. E, assim, nossa personalidade se amolda. O registro dessas experiências por meio de fatos vividos e observados, pode ser resgatado quando necessário, tornando-se a memória uma base para a aprendizagem.

Para Relvas (2009, p. 56), a memória constitui-se inicialmente pelo processo de assimilação, e nesse processo informações são enviadas para a memória de curto ou longo prazo.[2] Em seguida, o hipocampo é ativado com a função de categorizar os fatos relacionados a eventos importantes e também de reconhecer modificações espaciais. Sendo assim, ele filtra e usa as informações, descartando as de curto prazo e direcionando as de longo prazo a diferentes áreas do córtex cerebral. Essas informações trafegam por nossa rede de neurônios, dando início a um processo químico sofisticado. Nessa etapa, o hipocampo entra em "repouso" novamente para que a tarefa seja assumida pelo lobo frontal, que atua como "coordenador geral" das memórias, classificadas em diferentes tipos, e que dá origem ao "raciocínio".

> **Sem memória não há aprendizagem**
>
> A memória é a base de todo o saber e também de toda a existência humana, desde o nascimento. Todo o nosso cérebro funciona a partir da memória. Comemos, andamos e falamos porque nos lembramos de como fazê-lo. A memória determina nossa individualidade e também nosso pertencimento a determinado povo ou grupo. O cérebro comanda a secreção de um ou outro neurotransmissor ou hormônio quando estamos alegres ou tristes, quando sentimos medo ou prazer.
>
> Acontecimentos com maior carga emocional são relembrados com mais nitidez, pois neuroquímicos são estimulados, garantindo sua memorização. A memória é uma das funções mais importantes do cérebro e está ligada ao aprendizado e à capacidade de repetir acertos e evitar erros. Para Relvas (2009, p. 56), "a memória é a reprodução mental das experiências captadas pelo corpo por meio de movimentos e dos sentidos. Essas representações são evocadas na hora de executar atividades, tomar decisões e resolver problemas, na escola e na vida".[2] O conceito de memória vai, portanto, muito além do poder de recordar. Memória é, também, capacidade de planejamento, abstração, julgamento crítico e atenção.

4.1 Memória

O termo "memória" tem sua origem etimológica no latim e significa a faculdade de reter e/ou readquirir ideias, imagens, expressões e conhecimento. É o registro de experiências e fatos vividos e observados que podem ser resgatados quando preciso. Isso torna a memória uma base para a aprendizagem, pois, com as experiências que possuímos armazenadas na memória, temos a oportunidade e a habilidade de mudar nosso comportamento. Ou seja, a aprendizagem é a aquisição de novos conhecimentos e a memória é a fixação ou retenção desses conhecimentos adquiridos.

4.2   Como se forma a memória

Para se construir a memória, passamos por um processo de assimilação. É por meio desse processo que enviamos as informações para a memória de curta ou de longa duração. Nesse momento, o hipocampo é ativado, ajudando a selecionar onde os aspectos importantes para fatos e eventos serão armazenados. Essa estrutura está envolvida, também, com o reconhecimento de novidades e com as relações espaciais, tais como o reconhecimento de uma rota rodoviária. É o hipocampo que filtra os dados, usa e joga fora as informações de curto prazo e se encarrega de enviar as de longo prazo para diferentes partes do córtex cerebral. Essas informações são envolvidas em uma verdadeira "sopa química", que passa a provocar "intercâmbio" entre os neurônios. Nessa fase, o hipocampo descansa, e quem passa a trabalhar é o lobo frontal.

4.3   Reconhecendo o hipocampo e a memória

O hipocampo é uma pequena estrutura bilobular alojada profundamente no centro do cérebro. Tal como o teclado do nosso computador, o hipocampo funciona como uma espécie de posto de comando. À medida que os neurônios do córtex recebem informação sensorial, transmitem-na ao hipocampo. Somente após a resposta do hipocampo é que os neurônios sensoriais começam a formar uma rede durável (assembleia). Sem o "consentimento" do hipocampo, a experiência se desvanece para sempre. É aqui que entra a carga afetiva necessária para que o estímulo se fixe na memória de longo prazo. O "consentimento" do hipocampo depende da informação sensorial quando se tem algum significado emocional, alguma importância afetiva. Por exemplo: um perfume pode nos remeter a alguma lembrança ou quando tentamos nos lembrar guardamos um determinado objeto .

Áreas da memória

Fonte: Ballone GJ; Moura EC. Curso de Psicopatologia: atenção e memória. In. PsiqWeb, [Internet]. Disponível em: <www.psiqweb.med.br>. Acesso em: 8 out. 2020.[9]

4.4 Tipos de memória

- Memória ultrarrápida

A retenção da informação não dura mais do que alguns minutos.

- Memória de curto prazo ou de curta duração

Esse tipo de memória não forma "arquivos". Nela guardamos informações que serão utilizadas dentro de pouco tempo. Logo após sua utilização, esquecemos os dados nela armazenados.

Exemplo: local onde estacionou o carro, o conteúdo decorado para uma prova.

- Memória de longo prazo ou de longa duração

Armazena as informações por um longo período. A capacidade de armazenamento é limitada. Pode ser dividida em declarativa e não declarativa.

Memória declarativa é a memória para fatos e eventos e reúne tudo que podemos evocar por meio de palavras. Pode ser episódica quando envolver eventos datados, isto é, relacionados ao tempo. E será semântica quando envolver o significado das palavras ou conceitos atemporais.

4.5 Perda de memória

A perda de memória pode estar associada a determinadas doenças neurológicas, a distúrbios psicológicos, a problemas metabólicos e também a certas intoxicações. O modo mais frequente de perda de memória é conhecido popularmente como esclerose ou demência.

A demência mais comum é a doença de Alzheimer, que se caracteriza por perda acentuada de memória acompanhada de graves manifestações psicológicas, como a alienação.

Estados psicológicos alterados como o estresse, a ansiedade e a depressão podem, também, alterar a memória.

4.6 A área de Broca e a área de Wernicke

Em 1861, o neurologista francês Paul Broca identificou um paciente que era quase totalmente incapaz de falar e tinha uma lesão nos lobos frontais, o que gerou questionamentos sobre a existência de um centro da linguagem no cérebro. Mais tarde, descobriu casos nos quais a linguagem havia sido comprometida devido a lesões no lobo frontal do hemisfério esquerdo. A recorrência dos casos levou Broca a propor, em 1864, que a expressão da linguagem é controlada por apenas um hemisfério, quase sempre o esquerdo. Essa visão confere com resultados do procedimento de Wada, no qual um hemisfério cerebral é anestesiado. Na maioria dos casos, a anestesia do hemisfério esquerdo, mas não a do direito, bloqueia a fala. A área do lobo frontal esquerdo dominante que Broca identificou como sendo crítico para a articulação da fala veio a ser conhecida como área de Broca (BEAR, 2002).[10]

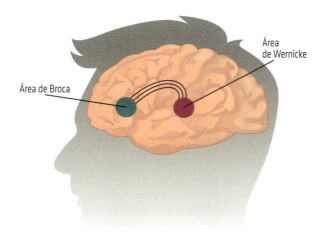

Fonte: <https://br.psicologia-online.com>

Em 1874, o neurologista Karl Wernicke identificou que lesões na superfície superior do lobo temporal, entre o córtex auditivo e o giro angular, também interrompiam a fala normal. Essa região é atualmente denominada área de Wernicke. Tendo estabelecido que há duas áreas de linguagem no hemisfério esquerdo, Wernicke e outros começaram a mapear as

Plasticidade neuronal intencional e a estimulação cognitiva da memória e linguagem

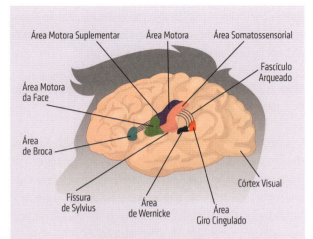

Fonte: <http://biology.about.com/od/anatomy/p/wernicke.htm>

A área de Wernicke é responsável pela compreensão e pela escolha das palavras que usamos. Sem ela, não conseguiríamos "achar as palavras" nem entender o que os outros dizem.

Não adianta só saber montar a frase na mente; é preciso que ela faça sentido. Aí é que entra uma outra região: a área de Broca.

A área de Broca é responsável pela nossa expressão verbal e escrita. É com essa parte do cérebro que juntamos as sílabas de cada palavra de modo coerente. Viver sem a área de Broca é um desafio mental.

Fonte: <www.avm.edu.br>

áreas de processamento da linguagem no cérebro e levantaram hipóteses acerca de interconexões entre o córtex auditivo, a área de Wernicke, a área de Broca e os músculos requeridos para a fala.

Assim, se essas duas áreas fossem conectadas, o indivíduo poderia associar a compreensão das palavras ouvidas a sua própria fala.

Atualmente, o modelo de Wernicke teve que ser corrigido quando se observou que pacientes com lesões bem restritas à porção posterior do giro temporal superior (a área de Wernicke) apresentavam na verdade uma surdez linguística, e não uma verdadeira afasia de compreensão. A área de Wernicke seria, então, responsável pela identificação das palavras, e não pela compreensão do seu significado.

5 Ciências cognitivas e a Neurociência

Existem redundâncias consideráveis no sistema nervoso. A existência de processamento paralelo é amplamente aceita na neurociência, e acredita-se que ele seja necessário devido à rapidez e à complexidade do processamento da informação no cérebro das criaturas vivas. O poder da computação paralela pode ser observado nos modernos computadores seriais que demoram muito mais que o cérebro humano para processar informações visuais. Nos últimos anos, reconheceu-se que computadores com processamento paralelo são necessários para acelerar o processamento de imagens, aproximando-se da velocidade do cérebro humano.

Esse é um dos caminhos pelos quais o estudo do cérebro pode ajudar as ciências cognitivas. A psicologia cognitiva tem se esforçado para modelar as atividades intelectuais com elementos que interajam de maneira neurologicamente plausível. Esses modelos estão ajudando a mostrar como a cognição pode ser estruturada a partir dos princípios básicos de operação da mente e como a estimulação cognitiva auxilia a integração, a interação e a inclusão do sujeito na sociedade.

6 Neurociência e as novas tecnologias para o aprendizado híbrido escolar

Como as metodologias híbridas podem promover a aprendizagem significativa e o que tem a ver com os estudos do cérebro?

Diante de um novo aprendizado, o cérebro humano promove o que cientificamente é denominado plasticidade neuronal, e as novas tecnologias virtuais e digitais, disponibilizadas no cotidiano, promovem cada vez mais novas conexões cerebrais. E, a partir desse contexto, as tendências de novos aplicativos e dispositivos tornam-se cada vez mais acessíveis à palma da mão dos estudantes e professores.

Importante reconhecer, diante dessas necessidades digitais, que a escola precisa estar nesse contexto dinâmico de aprendizagem, pois é considerada um ambiente "sagrado" para a Educação e necessita de renovação. Nos dias atuais, é fundamental se pensar em inovar o modelo de aprendizado escolar, refletindo como proposta a transformação dos estudantes em protagonistas, autônomos com relação aos próprios conhecimentos.

Sabe-se que os "novos cérebros" são hiperconectados, complexos e intuitivos; portanto, o maior desafio para os educadores é atender às necessidades específicas dos alunos e encantá-los por meio das novas tecnologias e metodologias de ensino híbrido, em um contexto no qual grande parte das informações recebidas podem tornar-se obsoletas. Essas gerações, muitas vezes, não conseguem reconhecer sentido e significado de determinados conceitos ou ideias para aplicabilidade no cotidiano, por exemplo.

A escola não pode apenas trocar os recursos didáticos e continuar com as aulas no modelo dos séculos passados, no qual o professor é o centro do ensino e o aprendente, o receptor da informação. Quando o assunto é tecnologia, as atitudes dos educadores precisam ser reavaliadas e adaptadas para atender às metodologias denominadas ativas, ou seja, aquelas nas quais o estudante se torna responsável por sua trajetória acadêmica e o professor, um orientador de possibilidades.

Precisa-se, antes de tudo, rever os modelos escolares diante da cultura da transmissão de conteúdos programáticos, do "copia e cola" e da reprodução de informações sem o oferecimento de possibilidades reflexivas diante do conhecimento "enlatado".

O ensino híbrido, ou *blended learning*, é uma das maiores tendências da Educação no século XXI. Essa proposta promove um *mix* entre o aprendizado presencial e o *online*, ou seja, integra a Educação à tecnologia, que vem permeando tantos aspectos da aprendizagem dos estudantes e professores.

A sala de aula deixa de ser um "auditório", no qual somente o professor disserta sobre os seus saberes relacionados aos conhecimentos pertinentes, e passa a ser um "laboratório" de possibilidades, no qual todos têm o direito ao acesso às ferramentas digitais para buscar assuntos inovadores que poderão e deverão ser orientados pelos docentes.

Na verdade, o estudante investiga a informação e, por meio dela, navega em possibilidades para observar, analisar, refletir e criticar, podendo ter a oportunidade de desenvolver a metacognição e a curiosidade.

A escola, ao escolher a metodologia por meio da aprendizagem híbrida, ou seja, nas modalidades presencial e à distância, usando as tecnologias digitais por meio da plataforma *online*, precisa reconhecer que, por si só, esse sistema não garante a totalidade do aprendizado dos seus estudantes, mas pode ser um facilitador desse processo ao viabilizar que o aprendente encontre, no ambiente digital, aquilo que for necessário para se ter uma visão global sobre o tema estudado e que possa aprender no seu ritmo, sem depender somente da explicação do professor. Novos tempos, novas modalidades no ensino, novas possibilidades no aprender.

A fim de iniciar esta reflexão, é fundamental elucidar que o cérebro humano é um sistema aberto e plástico e, nesse âmbito, constata-se a relevância da presença dos estudos da neurociência na prática escolar da aprendizagem inclusiva e humanizadora, por meio das novas tecnologias.

A Neurociência é uma ciência que tem como objetivo estudar os aspectos anatômicos, funcionais, neuroquímicos e comportamentais que permeiam o sistema nervoso em suas propriedades sensórias, motoras, emocionais e sociais do sujeito aprendente.

Entende-se que o ato de aprender é uma modificabilidade de comportamento que envolve a mente e o cérebro e, portanto, que a Neurociência é fundamentada como a ciência dos estudos dos processos vitais do sistema nervoso, sendo que a Educação é a ciência do ensino e da aprendizagem. Assim, as duas relacionam-se por proximidade devido à importância que o cérebro tem no processo de aprendizagem do indivíduo.

Diante deste cenário, o desafio das metodologias ativas para a educação não está apenas em saber como ensinar ou como avaliar o que foi ensinado, mas também em apresentar e mediar a construção do conhecimento de maneira que o cérebro aprenda melhor e de modo significativo,[2] contribuindo para o que diz respeito ao reconhecimento do indivíduo como ser único, pensante, atuante, que aprende de uma maneira única e especial.

As metodologias e abordagens da aprendizagem híbrida devem ser fundamentadas na Neurociência para otimizar uma prática pedagógica de qualidade, inclusiva e, principalmente, afetiva. Por isso, a escola necessita desenvolver novos caminhos neurocientíficos e epistemológicos para as abordagens pedagógicas da metodologia 4.0, por meio de múltiplos olhares para a aprendizagem ativa e ampliada na sala de aula.

As ferramentas tecnológicas, como a cultura *maker*, ativam o cérebro do estudante por meio de "rotas alternativas" para a produção de novas conexões neuronais e a aquisição do aprendizado. Evidências científicas revelam que as metodologias ativas, híbridas, estimulam a base da ativação do sistema de recompensa, do interesse e do prazer.

Apesar de a metodologia apresentar alternâncias no processo educacional entre o *online* e o presencial, o objetivo do aprendizado híbrido é que esses dois momentos sejam complementares e promovam uma educação mais eficiente, interessante e personalizada. Sendo assim, o professor pode acompanhar o aprendizado de cada estudante e a construção do conhecimento diante das bases da subjetividade e do interesse individual.

7 Neurociência aplicada à Educação Integral: possibilidades para uma escola humanizadora

No seu sentido mais amplo, Educação significa o meio em que os hábitos, costumes e valores de uma comunidade são transferidos de uma geração para a geração seguinte. A Educação vai formando-se por meio de situações presenciadas e experiências vividas por cada indivíduo ao longo da sua vida. Educação engloba o nível de cortesia, delicadeza e civilidade demonstrada por um indivíduo e a sua capacidade de socialização.

Na formação pedagógica, a Educação tem um olhar mais formal, verticalizado, baseado em currículos que permeiam a organização do conhecimento. Por meio de metodologias e recursos didáticos, tem-se buscado promover uma aprendizagem significativa e contextualizada.

Atualmente, os estudos neurocientíficos estão colaborando para uma investigação mais especifica sobre as possibilidades do aprendizado humano, por meio dos caminhos da Neurociência aplicada à Educação, sendo esta considerada uma área do conhecimento que cada vez mais vem contribuindo para o saber sobre a organização e o desenvolvimento do cérebro e da mente nos aspectos cognitivos, emocionais, afetivos, motores e sociais.

Quando nos referimos a uma escola que prevalece com todas as possibilidades humanas, nos deparamos com os estudos da Educação Integral, nos quais a escola não fica restrita somente a oferecer atividades diversificadas em um horário ampliado para os seus estudantes ocuparem o tempo ocioso. Nesse contexto, a escola torna-se um espaço que estabelece total disponibilidade de possibilidades em potencializar as habilidades específicas do aluno, as quais podem contribuir com seu crescimento, seu desenvolvimento e sua evolução.

Para contribuir com os entendimentos da Educação Integral, a Neurociência nos convida a observar os estudos dos cérebros na sala de aula/escola, reconhecendo o funcionamento das funções cerebrais para o entendimento de uma educação mais justa e menos excludente, tendo o educador a possibilidade de compreender e reconhecer melhor como ensinar, já que existem diferentes maneiras de se aprender. Os conhecimentos são construídos por meio da ação e da interação.

Aprendemos quando nos envolvemos ativamente no processo de produção de conhecimento, por meio da mobilização de atividades mentais, e na interação com o outro. A emoção, em suas diferentes manifestações, moldada e associada à razão, deve ser usada em favor da aprendizagem integral, pois o emocional e o racional fazem parte de uma mesma realidade – o desenvolvimento e o crescimento do ser humano. Por isso, há uma urgência efetiva em se manifestar a "escuta das emoções" para os educandos e professores.

Na Educação Integral, holística e humanizada, é fundamental destacar que o vínculo afetivo que se estabelece entre o professor e o estudante deve ter um caráter libertador e de confiança no cotidiano, com vista à aprendizagem significativa e, ainda, visando combater o preconceito e os rótulos, comumente presentes no ambiente escolar.

Atualmente, estudos e pesquisas evidenciam que corpo, emoção e razão são indivisíveis e não se separam, mantendo-se integrados em uma visão holística. O termo "holismo" tem origem no radical grego "*holos*", que significa "todo". Na concepção holística, que otimiza a visão integrada do ser humano, devemos considerar a pessoa como ser indivisível e completo.

Assim, pode-se perceber que só existe Educação Integral quando se estabelece a aprendizagem por meio da afetividade e da inteligência cognitiva. Portanto, é importante que as emoções positivas possam fortalecer a afetividade na relação entre professor e estudante pois, por meio desse vínculo, se estimula o desenvolvimento, assim como melhoram a autoestima e a simbiose entre as relações pedagógicas.

Quando a afetividade está presente, o professor e o estudante sentem-se mais seguros, e as interações diante da convivência em sala de aula tornam-se mais agradáveis. Os espaços das relações escolares precisam ser motivados por curiosidade, investigação e descobertas. Uma prática pedagógica que não possibilita o despertar ativo da aprendizagem para o cérebro humano, com o tempo, torna-se enfadonha, chata e cansativa.

A escola é um dos espaços para o desenvolvimento da inteligência humana. O ser humano nasce com uma quantidade aproximada de 86 bilhões de células-neurônios altamente especializadas, que formam o sistema nervoso e que se interligam em trilhões de conexões neuronais (células da Glia) com a finalidade de promover a organização e a reorganização do cérebro por meio do fenômeno denominado de plasticidade cerebral, que acontece ao longo da vida humana na aquisição do aprendizado.

Diante da Educação Integral, não existem indivíduos que não aprendem, uma vez que todos são respeitados de acordo com seus respectivos tempos neuronais. Sabe-se que o sucesso do indivíduo na aprendizagem da fala, da escrita e da leitura dependem do amadurecimento neurofisiológico das células neuronais, bem como das estruturas emocionais e dos estímulos sociais. Como recurso pedagógico, cabe evidenciar que as brincadeiras, o lúdico e o cognitivo são indissociáveis do uso das diversas formas de linguagem, podendo-se utilizar dos jogos como uma interface para a aquisição da comunicação, seja para a compreensão das regras ou dos relacionamentos existentes entre os diferentes participantes, além de possibilitar a descoberta dos símbolos que permeiam a formação da linguagem humana. O ser humano é dotado de neurônios de fala e aprende a falar naturalmente a linguagem do grupo em que vive, porém, cabe à escola desenvolver a linguagem oral/formal por meio de atividades pedagógicas, com objetivo de garantir a aprendizagem da leitura e da escrita e outras possibilidades para a vida cotidiana junto à família. Todas as pessoas têm direito a uma escola de qualidade, na qual suas necessidades individuais possam ser atendidas e elas possam se desenvolver em um ambiente enriquecedor que estimule seu desenvolvimento cognitivo, emocional e social, seja ele regular ou especial.

É preciso pensar em todos os estudantes enquanto pessoas em processo de crescimento e desenvolvimento, que vivenciam e experimentam o aprender segundo suas diferenças individuais. A proposta da Educação Integral e Inclusiva necessita do consenso dos pais, professores e gestores, pois todos os indivíduos estão na condição de educandos, aprendizes de uma escola que deve ser de boa qualidade para todos, integrada à sua comunidade.

Reconhecer que o estudo referente à Neuroaprendizagem está sendo um processo inovador na área pedagógica, com um olhar para totalidade humana perante às situações com as quais nos deparamos nas instituições escolares, é possibilitar novas perspectivas de abordagens metodológicas. Portanto, os educadores precisam construir o conhecimento sobre os estudos cerebrais para compreender os processos cognitivos, emocionais e sociais dos nossos estudantes, com ou sem distúrbios e dificuldades de aprendizagem, para atuar e para melhorar as práticas pedagógicas existentes. Reconhecer a Neurociência aplicada à Educação Integral é refletir sobre a inclusão humana, independentemente das suas limitações, necessidades educativas, possibilidades e potencialidades. É um direito.

A qualidade da Educação Integral deve ser atribuída aos pais, professores, gestores, a fim de se evitar a decadência silenciosa do aprendizado. O incentivo, então, é fundamental para a progressão e melhoria do desempenho geral do indivíduo. Em síntese, é preciso garantir que o estudante tenha percepção integrada de si mesmo com objetivo de interpretar adequadamente os sinais sociais, promovendo então a básica capacidade de confiar no outro, por meio dos estímulos do desenvolvimento da autonomia, autoria e protagonismo humano.

8 Inclusão e aprendizagem escolar

Integração: o processo de integração ocorre dentro de uma estrutura educacional, que oferece ao estudante a oportunidade de transitar no sistema escolar, da classe regular ao ensino especial, em todos os seus tipos de atendimento: escolas especiais, classes especiais em escolas comuns, ensino itinerante, salas de recursos, classes hospitalares, ensino domiciliar e outros. Trata-se de uma concepção de inserção parcial, pois nem todos os alunos com deficiência cabem nas turmas de ensino regular, uma vez que há uma seleção prévia dos que estão aptos à inserção.

Inclusão: é incompatível com a integração, pois prevê a inserção escolar de maneira radical, completa e sistemática. Todos os alunos, sem exceções, devem frequentar as salas de aula do ensino regular. As escolas atendem às diferenças, sem discriminar, sem trabalhar à parte com alguns alunos, sem estabelecer regras específicas para se planejar, para aprender, para avaliar.

Inclusão escolar: a escola vem tentando desempenhar um papel importante, seguindo a Lei nº. 9.394 de Diretrizes e Bases da Educação.[11] A inclusão escolar promove a inserção das pessoas com necessidades especiais no mesmo grupo dos sem necessidades especificas. Esse movimento é gradual e dinâmico e tem como intuito valorizar as necessidades e habilidades dos estudantes em busca de uma educação de qualidade.

A proposta de educação inclusiva pode ser compreendida como um valor, cuja implementação se faz pela reestruturação das escolas em todos os níveis, de modo que possam atender às necessidades de todos os alunos independentemente dos problemas específicos, pois todos têm direito ao processo de inclusão.

A educação para "deficientes" começou a ser concebida no mundo a partir do século XVI por médicos e pedagogos. Destinava-se apenas àqueles que tinham alguma deficiência física, os quais eram tratados em ambientes distintos dos "normais", como asilos e manicômios. Já no século XIX, surgiram as classes especiais nas escolas regulares. A educação inclusiva no Brasil iniciou-se no século XIX por intermédio de iniciativas governamentais.

- DECLARAÇÃO DE SALAMANCA (1994) e LEI DE DIRETIZES E BASES DA EDUCAÇÃO (1996). Segundo a UNESCO, aconteceu em ação conjunta entre a Educação Regular e a Educação Especial.[11,12] Essa iniciativa foi um marco importante e um forte e valioso aliado na luta contra o preconceito. Logo depois a Lei de Diretrizes e Bases da Educação (LDB), de 1996, resulta no direito à educação para os alunos com necessidades especiais.[11] Segundo essa lei, a educação especial é a modalidade de educação oferecida preferencialmente na rede regular de ensino para educandos com direitos e necessidades especiais.

Uma das questões mais discutidas é a formação de professores. Há uma necessidade que a equipe seja multidisciplinar, isto é, constituída por profissionais de diferentes áreas que possam discutir a inclusão do estudante com necessidades educacionais especiais de maneira conjunta e integrada. O olhar dessa equipe deve estar focado em questões específicas, e o professor deverá estar capacitado para que tenha mais autonomia para mediar as relações em sala de aula e elaborar atividades dinâmicas de modo que consiga integrar todos os estudantes. Somente criar oportunidades não significa que as relações estabelecidas serão adequadamente exploradas. Para Vygotsky (1991), o professor deve servir como mediador das relações entre colegas em sala de aula.[13]

Pessoas com necessidades educacionais especiais, ao serem inseridas no contexto da escola regular, se defrontam com inúmeras barreiras para adaptar-se, pois seu ritmo ou seu jeito de captar as informações são, muitas vezes, diferentes do dos demais estudantes. Imbuídos dessa consciência, profissionais de diferentes áreas do conhecimento se integram, formando uma equipe multidisciplinar que irá auxiliar esse indivíduo em suas dificuldades.

- A inclusão possibilita repensar a cultura escolar estruturada a partir da organização da educação especial como sistema paralelo ao ensino regular, que fez persistir por muitos anos a ideia de que os alunos com necessidades educacionais especiais não têm lugar na escola comum, ou que devem se preparar para estar nela.

- Essa abordagem exige uma postura ativa de orientação aos sistemas de ensino para o desenvolvimento de programas de formação de professores e para a construção de projetos pedagógicos inclusivos na perspectiva da flexibilidade, heterogeneidade e não atrelamento aos padrões pré-estabelecidos, contemplando a diversidade e favorecendo a inclusão educacional.

- As equipes multidisciplinares e interdisciplinares só têm sucesso quando agem de modo integrado com a família e a escola a fim de otimizar resultados e melhorar o desempenho da aprendizagem. É importante compreender que a dificuldade de aprender não é uma situação isolada e que, muitas vezes, são necessários uma avaliação e um diagnóstico de especialistas para o tratamento das desordens do aprendizado. É fundamental perceber que tal processo é sinalizado e, por isso, torna-se imprescindível o conhecimento do professor na detecção dos sinais que frequentemente são manifestados em sala de aula.

Na escola, muitas vezes, a criança, o adolescente e o adulto são discriminados e emocionalmente agredidos, pois não apresentam o desempenho escolar esperado; no entanto, a causa de tal situação pode estar no ambiente que o envolve, a exemplo das dificuldades socioeconômicas e afetivo-culturais, que podem interferir no ato de aprender, independentemente da vontade do aprendente.

A importância dada aos aspectos relacionados à aprendizagem para a educação inclusiva tem aumentado significativamente na atualidade. Isso deve-se em grande parte ao fato de que o sucesso do indivíduo está ligado ao bom desempenho escolar. Por isso, avaliar não é um trabalho isolado do professor; um número cada vez maior de crianças é atendido por neuropediatras, neuropsiquiatras, psicólogos, psicopedagogos e fonoaudiólogos com objetivo de se promover uma mediação interdisciplinar para que a aprendizagem seja mais plena, contextualizada e significativa no contexto da vida.

9 Cérebro e a Educação Inclusiva

É fundamental elucidar que o cérebro humano é um sistema aberto e plástico e, nesse âmbito, constata-se a relevância da presença dos estudos da Neurociência na prática escolar da aprendizagem inclusiva e humanizadora. Esta é uma ciência que tem como objetivo estudar os aspectos anatômicos, funcionais, neuroquímicos e comportamentais que permeiam o sistema nervoso, em suas propriedades sensoriais, motoras, emocionais e sociais do sujeito aprendente.

Estudos neurocientíficos comprovam que a plasticidade cerebral tem grande relevância para as conquistas cognitiva, motora e emocional diante das imensas possibilidades de informações que permeiam o cérebro humano. O funcionamento cerebral é moldado tanto ao longo da história da espécie como no desenvolvimento individual, isto é, a estrutura e o funcionamento do cérebro não são inatos, fixos e imutáveis, mas passam por mudanças no decorrer do desenvolvimento do indivíduo devido à interação do ser humano com o meio físico e social.

Diante disso, o desafio para a educação inclusiva e humanizadora não está apenas em saber como ensinar ou como avaliar o que foi ensinado, mas também em apresentar e mediar a construção do conhecimento de maneira que o cérebro aprenda melhor e de modo significativo.[2] Para tanto, metodologias e abordagens de ensino devem ser fundamentadas na Neurociência para otimizar uma prática pedagógica de qualidade, inclusiva e afetiva.

A Neurociência também estabelece relações relevantes à educação inclusiva, investigando e contribuindo para um reconhecimento precoce de transtornos de aprendizagem, possibilitando, então, métodos especiais de identificação de estilos individuais de aprendizagem e a descoberta da melhor maneira de se fundamentar novos conceitos e informações no contexto escolar. Investigações focalizadas no cérebro observam aspectos de atenção, memória, linguagem, leitura, matemática, sono, emoção e cognição, trazendo valiosas contribuições para a educação.[2]

A Neurociência aplicada à Educação Inclusiva contribui com saberes científicos para que o estudante aprenda a aprender, a conviver, a ser e a fazer por meio das informações recebidas por estímulos extrínsecos e que estes sejam transformados pelos processos significativos da aprendizagem na conquista do pensar reflexivo com autonomia, que poderá ser aplicado durante a vida de acordo com a necessidade.

O estudante precisa perceber que faz parte da escola e que ela não é apenas um lugar para se passar o tempo. Inclusão e integração são para todos os envolvidos no processo de aprender, não apenas para aqueles que apresentam alguma limitação física aparente.

Compreender que os "atrasados" não existem no processo educacional e que todos, independentemente de suas dificuldades, têm direito a uma escola que promova uma aprendizagem cognitiva, motora, afetiva e social é a maior tarefa da sociedade humana, pois somos "diferentes" em nossa totalidade.

O maior desafio da escola é partir em busca do aproveitamento da potencialidade da inteligência, tendo como objetivo o sucesso de seus aprendentes.

Todos os estudantes podem aprender: a aprendizagem de cada um é diferente, acontece em tempos diferentes e se desencadeia a partir de estímulos diferentes. A família deve permear essa relação entre estudante e a escola, ao se mostrar mais presente no cotidiano escolar.

O estudante precisa do apoio e da escuta atenta das dificuldades e possibilidades. É com o apoio da família que se promove a representação dos elos afetivos e emocionais que permeiam a segurança e o desafio da conquista de aprender. É por meio do alicerce familiar que aprendemos a aprender e a não desistir dos nossos sonhos e projetos futuros.

Nessa função, do ponto de vista biológico, o SNC é a figura fundamental. Ele garante a coleta e a armazenagem de dados e seu uso subsequente na alteração do comportamento. Ele viabiliza ao indivíduo a construção de "um pequeno modelo de universo" em sua mente, formando seu comportamento ao se basear em modelos. As crianças têm cada uma seu jeito, seu conhecimento, seu modelo de perceber o mundo. Se comparado às outras espécies animais, o desenvolvimento humano é lento porque o cérebro da criança está sendo programado para atividades sofisticadas e complexas, que envolvem raciocínio, linguagem e amadurecimento das emoções.

A grande capacidade de aprender faz com que o comportamento do ser humano seja extremamente variado. Do ponto de vista neurológico, nenhuma ação se repete exatamente como as anteriores, significando dizer que o ser humano é um eterno aprendiz. Dessa maneira, a aprendizagem põe em jogo uma relação inteligível entre o indivíduo e o seu meio, isto é, coloca uma relação palpável entre condições externas. Parece óbvio que a maturação deve desempenhar um papel vital nesses processos de desenvolvimento inicial. O termo maturação não significa exatamente o mesmo que crescimento. Crescimento se refere a um tipo de mudança passo a passo. Maturação é a capacidade que o indivíduo tem de se apropriar dos valores culturais tradicionais junto com outros em seu meio e, mediante um trabalho sistemático e metódico, modificar seu comportamento, estabelecendo a aprendizagem.

A Neurociência aplicada à aprendizagem oferece um grande potencial para nortear a pesquisa educacional e futura aplicação em sala de aula. Pouco se publicou até hoje para uma melhor análise retrospectiva, mas, sem dúvida, tal ciência constitui-se uma grande aliada do educador diante deste cenário tão diverso com o qual esse profissional se depara.

9.1 O desenvolvimento do cérebro na infância

Logo após o nascimento, diversos processos são desencadeados no desenvolvimento das atividades cerebrais, por isso os primeiros anos de vida da criança são fundamentais para sua maturação. São muito importantes o contato físico, a voz da mãe, as diferentes entonações vocais, luzes e cores. Qualquer estimulação que atinja o maior número dos sentidos do corpo promove a realização de conexões sinápticas e criam condições favoráveis para o surgimento de determinadas habilidades e competências, tais como a musicalidade, o raciocínio lógico-matemático, a inteligência espacial, entre outras.

Ao longo do desenvolvimento humano, o cérebro foi moldado por milhares de gerações de evolução até se transformar na mais sofisticada estrutura de processamento de informações existentes no planeta. E o mais surpreendente é que ele se constrói sozinho – por exemplo, não é preciso ensinar a criança a perceber o som, pois desde cedo ela diferencia ruídos que tem mais significado para ela entre os demais. As crianças não são receptores passivos dos cuidados dos pais, mas, sim, participantes ativos de cada aspecto de seu próprio desenvolvimento. Desde o nascimento, o cérebro está preparado para buscar e utilizar as experiências mais apropriadas a suas necessidades e preferências individuais. Por esse motivo, o cérebro não requer nenhum equipamento ou treinamento especial, e na maioria das vezes o bebê descobre uma maneira de se desenvolver, sejam quais forem as condições que o ambiente lhe ofereça.

A construção do cérebro começa na fase inicial da gestação. Durante o primeiro mês, sinais químicos fazem um grupo de células no embrião em desenvolvimento começar a se transformar no sistema nervoso.

Três semanas depois da concepção, a placa neural, uma camada de células que percorre a extensão do feto, une suas extremidades para formar o tubo neural, que mais tarde se transformará no cérebro e na medula espinhal.

O cérebro infantil tem uma quantidade excessiva de sinapses provocadas pelos estímulos (passagens do impulso elétrico e químico entre os neurônios). Essa exuberância sináptica continua até o início da adolescência, quando então começa a ser reduzida por eventos regressivos.

O estágio final de maturação do sistema nervoso é marcado pelo processo de mielinização (formação da bainha de mielina), produzido por um tipo de célula da Glia denominada oligodendrócito. Essa organização se inicia no útero (sexto mês) e sua produção se intensifica após o nascimento (por volta dos dois anos), podendo prosseguir até a terceira década.

A mielina é uma substância lipoproteica (constituída de gordura e proteína) produzida por certos tipos de gliócitos (células especializadas do SNC). Essas células se enrolam em torno dos axônios, formando uma bainha isolante que, entre outras coisas, contribui para aumentar a velocidade de propagação do impulso nervoso, atribuindo maior eficiência na transmissão da informação e garantindo, então, o estímulo através dos neurônios. Dessa maneira, o processo de mielinização tem uma relação direta com a aprendizagem, assim como a quantidade de conexões entre as células neuronais.

O cérebro infantil em desenvolvimento é plástico, ou seja, capaz de reorganizar-se em padrões e sistemas de conexões sinápticas para melhor adequar o organismo em crescimento às novas capacidades intelectuais e comportamentais da criança (RELVAS, 2009).[14]

> "Aprende-se pela consolidação da memória, por isso ela é considerada a 'função executiva' da aprendizagem. Dizendo de outra maneira: sem memória, não há aprendizagem!"(RELVAS, 2017)

O circuito da memória acontece quando um percurso sináptico é percorrido várias vezes e a informação torna-se mais fortalecida. A memória é causada pela alteração na capacidade de transmissão sináptica de um neurônio a outro, resultando um potencial elétrico e químico. Nessa atividade neuronal, a repetição fixa a memória. Importante enfatizar que a motivação facilita neuroquimicamente esse circuito sináptico. Evidências científicas demonstram que a existência de fatores genéticos vem previamente programada individualmente para cada cérebro, porém o que garante o desenvolvimento maturacional neurológico desse órgão é a sintonia com um ambiente rico em oportunidades, vivências e experiências. Esse processo de adequação é automático, pois o cérebro é adaptável; porém, a qualidade dos estímulos torna-se fundamental para garantir uma aprendizagem saudável e de excelência para o desenvolvimento.

O cérebro é formado por estrutura anatômica, física e orgânica e corporal, e a mente é construída em um âmbito subjetivo, abstrato, que reside nesse órgão, tendo uma relação interdependente com a afetividade para o seu funcionamento pleno e saudável.

Há alguns anos atrás, admitia-se que o tecido cerebral não tinha capacidade regenerativa e que o cérebro era definido geneticamente, ou seja, tinha um programa genético fixo. Porém, o aumento do conhecimento sobre o cérebro mostrou que este é muito mais maleável do que até então se imaginava, modificando-se sob o efeito da experiência, das percepções, das ações e dos comportamentos.

Desse modo, pode-se constatar que a relação estabelecida pelo ser humano com o meio externo do corpo produz grandes modificações no cérebro, viabilizando constante adaptação e aprendizagem ao longo da vida. Assim, o processo da plasticidade cerebral intencional torna o ser humano mais eficaz. A relação não está na quantidade dos estímulos, mas na qualidade deles. Por exemplo, ações como ouvir músicas com ritmos e intensidades diferentes, visualizar objetos diversificados com cores diferentes ou tocar em diferentes texturas promovem uma intensa formação de novas conexões neurais.

Não existe um estímulo mais ou menos adequado; a questão é qual seria a intensidade necessária desse estímulo para provocar glioplasticidade no cérebro. É importante reafirmar que o desenvolvimento e o fortalecimento das conexões neurais estão relacionados à qualidade, e não à quantidade, dos estímulos. O limite está na observação de como se responde aos estímulos, isto é, se é de maneira prazerosa e sem estresse às respostas. Os estímulos são não só motores, mas também cognitivos, por isso o melhor caminho para obtê-los é a atividade lúdica, pois, além de ativar a área cerebral da recompensa, também promove a ativação da tomada de decisão, que ocorre na área do córtex pré-frontal.

A atividade lúdica faz-se necessária para formar conexões sociais normais e para ativar área de recompensa e de tomada de decisões no cérebro. Por exemplo, nas brincadeiras infantis, as crianças testam limites e determinam o que é seguro e o que é perigoso. A brincadeira prepara a criança para uma verdadeira atividade posterior, quando ela já estiver mais madura. A Educação Infantil baseia-se na ideia de que músicas, jogos e outras atividades são meios para a criança adquirir conhecimentos perceptuais, cognitivos, sociais e emocionais que as prepararão para o ingresso na maioridade.

A brincadeira é o trabalho da criança. Talvez seja a maneira mais eficaz dela aprender habilidades para toda a vida. Importante é não permitir que a brincadeira se torne cansativa ou enfadonha, uma vez que sua natureza agradável é parte daquilo que faz a criança crescer com melhor saúde mental, emocional e física.

O brincar promove uma ativação na área tegmental ventral, que é constituída por um grupo de neurônios mesencefálicos que secretam a dopamina e enviam axônios para muitas regiões do cérebro; acredita-se que desempenham funções relativas a recompensa, motivação e função cognitiva.

A aprendizagem está diretamente relacionada à sinaptogênse; não é a quantidade de estímulos, mas a qualidade das informações que o cérebro recebe. A comunicação entre dois neurônios é denominada sinapse.

A sinapse é o espaço existente entre o neurônio e uma célula efetora (músculo e glândulas). Cada neurônio tem capacidade para fazer 60 mil sinapses, podendo receber até 100 mil impulsos elétricos por segundo. Esse quantitativo dá a ideia da complexidade das redes neurais.

Para Relvas, a aprendizagem não está presente apenas nos neurônios e terminações nervosas, mas na neuroglia[2] – o termo "glia" significa "cola", que na concepção inicial era apenas o que "colava" e dava sustentação aos neurônios. Sabe-se que neurônios não regeneram o material genético; no entanto, a Neurociência vem mostrando que as funções das neuroglias são muito amplas. Para cada neurônio, há cerca de dez células da glia, que, ao contrário do neurônio, apresentam uma grande capacidade de divisão celular. Alguns exemplos são astrócitos, oligodendrócitos, micróglias, ependimárias.

Educar é uma tarefa complexa que requer de seus educadores, entre diversos fatores, competência e dedicação. O maior desafio, porém, é planejar uma educação capaz de preparar o educando para as transformações. A Neurociência irá contribuir para a ação pedagógica por compreender as estruturas e o funcionamento do SNC, enquanto a Didática é a arte de ensinar conteúdos acadêmicos sistematizados. Portando, pode-se considerar que uma complementa a outra.

A aprendizagem a princípio é cognitiva, mas a base é emocional. O educador é o encantador dos conteúdos curriculares, podendo promover sinapses de qualidade no cérebro de seus alunos, com emoções positivas e ativando o cérebro de recompensa.

O educador que conhecer o funcionamento do cérebro cognitivo, emocional e motor terá condições de promover uma aula mais participativa, pois seus conteúdos poderão ser emoldurados de diferentes maneiras com desafios afetivos e emocionais, por meio de, por exemplo, dramatizações, textos, filmes, jogos ou utilizando-se de tecnologias e outras criatividades.

Concluindo, o ser humano nasce para aprender; por isso, os estímulos e os desafios precisam fazer sentido para o estudante. Corpo, cérebro e mente são interdependentes, contudo, faz-se necessário criar hábitos e rotinas saudáveis, pois estes promovem a longevidade vital do cérebro da criança, do adolescente e do adulto.

10 O cuidar e a escuta emocional no processo da aprendizagem escolar

As emoções, segundo Damásio (1996),[15] são complexos psicofisiológicos que se caracterizam por súbitas rupturas no equilíbrio afetivo de curta duração, com repercussões consecutivas sobre a integridade da consciência e sobre a atividade funcional de vários órgãos. Diferentemente, os sentimentos são estados afetivos mais estáveis e duráveis, provavelmente provindos de emoções correlatas que lhe são cronologicamente anteriores.

Conjugando ideias de Piaget e Vygotsky, Damásio (1996) afirma que as emoções e a razão não são elementos completamente dissociados como propôs Descartes.[15] Até hoje, o senso comum é que a razão é o contrário da emoção. Entretanto, Damásio mostra em seus trabalhos que pessoas com alguma deficiência na região do cérebro responsável pelas emoções apresentam dificuldades de aprendizado.[15]

Nesse sentido, as emoções são fundamentais no processo de aprendizagem, pois geram sentimentos e atos racionais que são utilizados para aprender. Assim, as emoções são as iniciadoras do processo.

Por longo tempo, o componente emocional tem sido descuidado na educação institucionalizada. As contribuições científicas recentes auxiliam a resolução dessa deficiência, uma vez que revelam e comprovam a dimensão emocional do aprendizado.

As crianças e os educadores estão sempre envolvidos em emoções. Uma aula bem-humorada promove bem-estar físico, psicológico e afetivo, liberando neurotransmissores favoráveis à aprendizagem. As emoções básicas, como prazer, tristeza, raiva, medo, amor e alegria têm uma enorme escala de variação. Por exemplo, o prazer pode variar da satisfação ao êxtase; a tristeza, do desapontamento ao desespero; o medo, da timidez ao temor; a raiva, do descontentamento ao ódio. Elas podem ser percebidas em sala de aula, basta um olhar.

A ida à escola de uma criança, no geral, une alegria e ansiedade, seja para ela ou mesmo para seus pais. As reações infantis são variadas, frequentemente apresentando um ataque agudo de ansiedade, um estado emocional que provém do medo, pois, quando forçada a enfrentar uma determinada situação, a criança se sente ameaçada, provocando o medo irracional e incontrolável. Tal quadro pode levar a reações imprevisíveis de fuga, agressão ou autoagressão, dando início a um comportamento fóbico que pode desencadear um estado de fobia, considerado um sinal de alerta para o aparelho psíquico.

A fobia escolar não está ligada à classe social ou ao coeficiente intelectual, mas pode estar associada à angústia de uma separação da criança ou do pré-adolescente de seus pais, principalmente a mãe. Há um sentimento de desamparo que não deixa a criança raciocinar sobre os fatos, sendo esse o momento em que a ansiedade é desencadeada.

A fobia pode desencadear distúrbios psicossomáticos, tais como cefaleia, diarreia, dores de barriga e outros. No caso do medo, os sintomas são transitórios e, logo que o indivíduo se acostuma, desaparecem. Assim, a fobia exige um olhar e um tratamento mais específico e elaborado.

Atitudes negativas, como forçar a criança a ficar em determinado espaço sem dialogar, ridicularizar seus sentimentos, usar de chantagens e subornos e ignorar seus medos, podem agravar a situação.

A criança que sofre de Transtorno Fóbico Escolar é tensa, ansiosa e apreensiva, apresentando frequentemente sentimentos de tristeza, depressão e irritabilidade por não conseguir ver solução para a ansiedade que sente. No geral, o sono e as funções executivas – atenção e memória – são prejudicados.

O corpo apresenta sintomas somáticos devido à excitação do sistema nervoso autonômico, como sudorese, boca seca, pulso rápido, respiração superficial, dor de cabeça e enjoos, podendo também apresentar inquietudes e comportamentos motores sem sentido.

A criança apresenta um medo exagerado de um objeto ou uma situação específica, muitas vezes desproporcional ao perigo real que estes representam. As fobias podem ser classificadas com base no objeto do medo – por exemplo, cobras e lugares fechados. No caso da escola, considera-se como fobia social escolar o medo de ser negativamente avaliado pelos outros. Isso inclui o medo de falar em público, de errar os exercícios ao ser chamado no quadro, de ter que ler em voz alta ou até mesmo da presença do professor ou da professora que não estabelecem uma relação de confiança e flexibilidade emocional no processo da aprendizagem cognitiva dos conteúdos curriculares.

Aprendizagem emocional é uma parte integral da aparente aprendizagem cognitiva, acontecendo em um contexto dinâmico, relacional e emocional inconsciente. Processos cognitivos e emocionais quase sempre dirigem o crescimento das capacidades cognitivas com sucesso. A emoção vai dando forma à cognição e à aprendizagem. As crises emocionais, naturais ao desenvolvimento ou específicas da criança, vão influenciar cronicamente a evolução da aprendizagem.

A eficácia emocional da criança se relaciona com a percepção da própria capacidade de lidar, monitorar, manejar e mudar sentimentos adversos que inibem a persistência na busca de um objetivo. Ela pode experimentar sentimentos e pedir ajuda, o que a torna um aprendiz mais eficiente.

A função da escola e do educador é promover eventos que colaborem com a sociabilidade e resgatar o prazer de aprender, propondo desafios, possibilitando a oportunidade de aprender por meio da educação cooperativa, colaborativa e menos excludente. Deve-se propor auxiliar a negociação de conflitos, ensinar a assumir responsabilidades por suas ações e seu comportamento. Ao arcar com esses deveres, a criança passa a não imputar culpa aos outros. Assim, melhora a organização intrínseca do *self* para a condição real de seu desenvolvimento.

Para despertar essas condições, é necessário que o educador entenda a neurobiologia do "gatilho emocional" que acontece no cérebro da criança, como e quando ele é disparado e porque muitas vezes, em determinadas situações, a criança perde o controle emocional. O fundamental é compreender que essas reações são saudáveis por serem um sinal de que seu corpo reage aos estímulos.

A fobia acontece por meio de um processo químico nos circuitos cerebrais. Ocorre nas trocas neuroquímicas entre as células neuronais, em uma estrutura que nos protege involuntariamente do perigo, as amígdalas cerebrais.

Ao sentir-se ameaçada, a criança acelera o metabolismo, antecipando a necessidade iminente de fugir ou se defender. O corpo lança uma corrente de hormônios vasoconstritores e aceleradores de frequências cardíaca, entre os quais estão a epinefrina, a norepinefrina e o esteroide cortisol. É uma reação neuroendócrina, puramente fisiológica, que perpassa pelo sistema mental superior para ser interpretado e avaliado sob o contexto do perigo.

Quando esses hormônios são lançados no corpo, o coração começa a bater mais rápido e mais forte, a pele fica fria e arrepiada, os olhos se dilatam para enxergar melhor e as áreas do cérebro envolvidas na tomada de decisões recebem a informação de que é hora de agir. É nesse momento que entram em ação as amígdalas cerebrais – estruturas responsáveis pelos processamentos das emoções primitivas, como medo, ódio, amor e raiva, e são vizinhas do cérebro límbico-primitivo, tendo também como função arquivar as memórias emocionais.

O cérebro emocional é mais rápido que o pensante, segundo comenta o neurocientista Joseph LeDoux em seu livro *O Cérebro Emocional* (1996),[16] sendo necessários apenas 12 milissegundos para que as informações emocionais possam ser enviadas para o tálamo, onde são processadas e conduzidas para as amígdalas cerebrais. O autor chama esse cérebro emocional de "estrada secundária", enquanto que a "estrada principal", ou o cérebro pensante, leva de 30 a 40 milissegundos para processar um acontecimento qualquer. As crianças têm medos que não entendem ou não conseguem controlar porque suas emoções são processadas pelas estradas secundárias e, somente segundos depois, é que o cérebro pensante entende o que aconteceu.

Educar a emoção é promover a habilidade relacionada a motivar a si mesmo e persistir mediante frustrações e controlar impulsos, canalizando as emoções para situações apropriadas.

A escola é um dos espaços para se despertar essas relações. É necessário que se incluam no currículo escolar estudos sobre as habilidades sociais e emocionais na aprendizagem cognitiva de conteúdos escolares com mais sentidos e significados para a vida. Além disso, deve-se praticar gratificações prorrogadas, incentivar e estimular a criança, ajudando-a a liberar seu melhor talento e conseguir seu engajamento aos objetivos de interesses comuns.

O desenvolvimento da *Educação Emocional* e *Social* para minimizar os transtornos das fobias escolares se faz necessário. Quem lida com a criança em fase escolar precisa conhecer as ideias relativas à educação dos hemisférios cerebrais, bem como as estruturas funcionais dos sistemas de recompensa e emocional, a fim entender de que maneira acontecem as emoções e como são interpretadas em processos psíquicos extremamente subjetivos. É necessário também o desenvolvimento da prática da escuta emocional da criança no espaço escolar.

Alguns relatos de crianças que apresentaram problemas de fobia escolar, após vivenciarem situações destrutivas na escola, ajudam a elucidar o assunto:

"*Se os professores e os pais tivessem a ideia de como é assustador para 'nós' ouvirmos críticas destrutivas, carregadas de raiva, às vezes aos gritos, das pessoas que amam, talvez fossem mais cuidadosos em suas 'broncas.' Os adultos exageram e nos magoam profundamente.*", diz J.V., 11 anos.

"*Gente grande esquece que também é difícil ser criança.*", conta P.M., 9 anos.

"*Um dia eu estava em sala de aula quando tive uma dúvida do que fazer com a folha do exercício de Matemática. Não sabia se era para colar no caderno. Perguntei para a professora, mas ela não me respondeu, então, perguntei aos meus colegas e eles também não sabiam. Alguns dias depois, perdi minha folha dos exercícios e levei uma bronca da professora. Fiquei muito triste e calado na sala de aula.*", conta V., 8 anos.

"*Hoje a professora gritou tanto que eu me despedacei*", diz G., 7 anos, que apresentava frequentes episódios de cefaleia e dores abdominais indo para escola.

Considerando que não há fórmulas mágicas para se obter uma aprendizagem eficiente, o importante é conhecer a realidade da criança, despertar o interesse e reconhecer sua emoção. Estabelecer vínculos afetivos e de confiança com objetivo de se evitar que o medo se transforme em uma fobia diante do processo de aprendizagem escolar.

Visando a uma perspectiva educacional inovadora, deve-se considerar que o educador estimule os sonhos da criança e, a partir destes, trace metas e objetivos para serem realizados e superados.

O educador pode minimizar os riscos da fobia escolar no momento da elaboração de seu planejamento e de suas práticas pedagógicas, utilizando-se de recursos e metodologias agradáveis para serem aplicados no processo da aprendizagem, como estimular a observação do ambiente externo, explorar a contação de histórias, a dramatização ou o uso dos jogos de palavras, tocar ou escutar algum instrumento musical, trabalhar o lúdico usando o corpo como ferramenta de aprendizagem cognitiva, usar a criatividade.

É fundamental estabelecer o vínculo de confiança e afetividade na relação da aprendizagem escolar e compreender que os "atrasados" não existem no processo educacional; cada criança é única dentro dos aspectos cognitivos, emocionais, afetivos e sociais.

Para que a criança goste da escola e transforme as informações em conhecimentos para a vida, o educador precisa estar atento quanto ao domínio da linguagem, enfatizando textos, poemas e a oralidade e sistematizando o conhecimento linguístico formal e não formal com a criança; ao estímulo da capacidade visual, explorando formas e cores e, ainda, construindo jogos que utilizem o corpo como ferramenta; à competência auditiva, propondo atividades de criação de sons, intensidade e ritmo e promovendo atividades corporais com o uso de dança e música, podendo-se recorrer a coreografias com fitas, bandeiras e balões para serem manejados no ar.

A escola não pode ser um ambiente autoritário, deve ser renovadora, flexível e com possibilidades para questionamentos. É preciso possibilitar a escuta dos sentimentos e de outros estados mentais de si mesmo e do outro; reconhecer que a aula não precisa ser vivenciada somente dentro da sala convencional, possibilitando um passeio ao ar livre para observar os pássaros, as árvores e a construção do espaço físico da escola, por exemplo, promovendo os conhecimentos alicerçados na Ciência; e permitir que a criança pense e busque a reflexão. "A melhor escola não é aquela que transmite conteúdos densos e de repetição, mas aquela que provoca e promove o pensar sobre o pensar e que permite questionamentos e dúvidas".[3]

Quanto mais atividades prazerosas nas práticas pedagógicas forem realizadas no cotidiano escolar, menos fobias escolares serão desenvolvidas e mais os cérebros agradecerão!

Referências bibliográficas

1. RELVAS, M.P. **Neurociência na prática pedagógica**. Rio de Janeiro: WAK Editora, 2012.

2. RELVAS, M. P. **Neurociência e Educação:** gêneros e potencialidades na sala de aula. 2ª. ed. Rio de Janeiro: WAK Editora, 2009.

3. RELVAS, M. P. **Fundamentos Biológicos da Educação:** Despertando inteligências e afetividade no processo da aprendizagem. Rio de Janeiro: WAK Editora, 2006.

4. RELVAS, M. P. **Neurobiologia da Aprendizagem:** um olhar do educador para uma escola humanizadora. Rio de Janeiro: WAK Editora, 2017.

5. RELVAS, M. P. **Neurociência e Educação:** gêneros e potencialidades na sala de aula. 3ª. ed. Rio de Janeiro: WAK Editora, 2018.

6. LENT, R. **Cem bilhões de neurônios:** conceito fundamental da neurociência. Rio de Janeiro: Vieira & Lent Casa Editorial, 2002.

7. ENCICLOPÉDIA BRITÂNICA. Disponível em: <https://www.britannica.com/topic/Britannica-Online> Acesso em: 13 jul. 2020

8. CÉLULAS nervosas. **Só Biologia**. Virtuous Tecnologia da Informação, 2008-2020. Disponível em: <www.sobiologia.com.br/conteudos/FisiologiaAnimal/nervoso2.php>. Acesso em: 13 jul. 2020.

9. BALLONE G. J.; MOURA E. C. **Curso de Psicopatologia:** atenção e memória. In. PsiqWeb, [Internet]. Disponível em: <http://www.psiqweb.med.br/*site*>. Acesso em: 8 out. 2020.

10. BEAR, M. F.; CONNORS, B. W. **Neurociências:** desvendando o sistema nervoso. 3ª ed. Porto Alegre: Artmed, 2008.

11. BRASIL. Lei no. 9.394, de 20 de dezembro de 1996. Estabelece as diretrizes e bases da educação nacional. **Diário Oficial da União**, Brasília, DF. Disponível em: <https://www2.camara.leg.br/legin/fed/lei/1996/lei-9394-20-dezembro-1996-362578-publicacaooriginal-1-pl.html>. Acesso em: 13 jul. 2020.

12. BRASIL. **Declaração de Salamanca: sobre principios, políticas e práticas na área das Necessidade Educativas Especiais**. Ministério da Educação, Brasilia, DF. 1994. Disponível em: <http://portal.mec.gov.br/seesp/arquivos/pdf/salamanca.pdf>. Acesso em: 13 jul. 2020.

13. VYGOTSKY, L. S. **Pensamento e linguagem**. São Paulo: Martins Fontes, 1991.

14. RELVAS, M. P. **Fundamentos biológicos da Educação:** despertando inteligências e afetividade no processo da aprendizagem. 5ª. ed. Rio de Janeiro: WAK Editora, 2009.

15. DAMÁSIO, A. R. **O erro de Descartes:** emoção, razão e o cérebro humano. São Paulo: Companhia das Letras, 1996.

16. LeDOUX J. **O cérebro emocional:** os misteriosos alicerces da vida emocional. São Paulo: Editora Objetiva, 2011.

Leituras recomendadas

CARBONELL, J. **A aventura de inovar:** a mudança na escola. Porto Alegre: Artmed Editora, 2002.

GAZZANIGA, M. S.; IVRY, R. B.; MANGUN, G. R. **Neurociência Cognitiva:** a biologia da mente. 2ª ed. Porto Alegre: Artmed, 2006.

GLICKSTEIN, M. **Neuroscience:** a historical introduction. Massachusetts Institute of Technology; 2014.

GOLDBERG, E. **O cérebro executivo:** lobos frontais e a mente civilizada. Rio de Janeiro: Imago, 2002.

KANDEL, E. R. et al. **Principles of Neural Science**. 5th ed. McGraw Hill, 2013.

KOLB, B.; WHISHAW, I. **Neurociência do Comportamento**. São Paulo: Editora Manole, 2002.

LeDOUX, J. **Brain Mechanisms of Emotion and Emotional Learning**. 1992. Disponível em: <http://www.ncbi.nlm.nih.gov/pubmed/>. Acesso em: 2 fev. 2020.

IZQUIÉRDO, I. **Memória**. Porto Alegre: Artmed, 2002.

MACHADO, Â. **Neuroanatomia Funcional**. 2ª ed. São Paulo: Editora Atheneu, 2002.

MATURANA, H. R.; VARELA, F. **A árvore do conhecimento:** as bases da compreensão humana. São Paulo: Palas Athena, 2001.

OLIVEIRA, M. K. de. **Vygotsky**. São Paulo: Scipione, 1993.

RELVAS, M. P. **Sob comando do cérebro:** entenda como a Neurociência está no seu dia a dia. Rio de Janeiro: Editora WAK, 2014.

_____. **Neurociência e os Transtornos de Aprendizagem:** as mútiplas eficências para uma educação inclusiva. 6ª ed. Rio de Janeiro: Wak Editora, 2015.

ROTTA, N. T.; OHLEWEILER, L.; RIEGO, R. dos S. **Transtornos da Aprendizagem:** abordagem neurobiológica e multidisciplinar. Porto Alegre: Artmed, 2006.

SACKS, O. **Com uma perna só**. São Paulo: Companhia das Letras, 2003.

WALLON, H. **Do ato ao pensamento:** ensaio de psicologia comparada. Petrópolis: Vozes, 2008.

Conheça outros títulos da série

Adquira pelo site:

www.editoradobrasil.com.br

Central de Atendimento
E-mail: atendimento@editoradobrasil.com.br
Telefone: 0300 770 1055

Redes Sociais
facebook.com/editoradobrasil
youtube.com/editoradobrasil
instagram.com/editoradobrasil_oficial
twitter.com/editoradobrasil

Acompanhe também o Podcast Arco43!

Acesse em:

www.editoradobrasil.podbean.com

ou buscando por Arco43 no seu agregador ou player de áudio

Spotify   Google Podcasts   Apple Podcasts

www.editoradobrasil.com.br